TÚ
TIENES
TODAS LAS
RESPUESTAS.

TODO EMPIEZA AQUÍ

meera lee patel

PLAZA [PJ] JANÉS

Papel certificado por el Forest Stewardship Council®

Título original: *Start Where You Are*

Primera edición: marzo de 2017
Decimocuarta reimpresión: marzo de 2023

Printed in Spain – Impreso en España

ISBN: 978-84-01-01863-3
Depósito legal: B-2.214-2017

Compuesto en M. I. Maquetación, S. L.

Impreso en Gráficas 94, S. L.
Sant Quirze del Vallès (Barcelona)

L 0 1 8 6 3 C

Para ti, por estar precisamente donde estás

 Introducción

Me ha llevado mucho tiempo sentir que estoy donde quiero estar.

Pasé muchos años confusa, añorando el pasado o aguardando el futuro, sin saber muy bien dónde me encontraba ni adónde quería ir.

Reconocer que estaba confusa e insatisfecha me costó bastante, y el mero hecho de plantearme en serio hacer algo al respecto ya me resultaba difícil de asimilar. En vez de eso, me limité a dejarme llevar. Me aventuré por diversos caminos solo por ir a alguna parte, a pesar de que ninguno de ellos me acercó adonde deseaba ir. Probé a desempeñar algunas profesiones que para muchas personas eran satisfactorias, pensando que para mí también lo serían. Y traté de abrirme paso con esfuerzo e hice frente a las adversidades. Pero nada cambió, ya que es imposible perseguir y alcanzar un sueño que no está definido ni claro.

Cuando me di cuenta de que no podía continuar aferrándome a una idea, un sentimiento o un futuro imprecisos, inicié un proceso de introspección en el que me encontré con algunos obstáculos difíciles de superar. Tuve que indagar en mi fuero interno para averiguar quién era yo realmente, qué era lo más importante para mí y qué quería hacer con mi vida.

Las grandes preguntas suelen abrir la posibilidad a grandes soluciones. Cada doble página de este libro enseña una lección de vida universal que va acompañada de un ejercicio. Estos ejercicios —que por lo general consisten en completar tablas o listas, o bien en escribir una redacción breve— están diseñados para ayudarte a llevar a la práctica esas lecciones vitales y gestionar los sentimientos que hay detrás de cada una de ellas. A medida que avances en la lectura descubrirás que algunas páginas te exigen mayor esfuerzo que otras, puesto que deberás ahondar en ti un poco más, afrontar algunas verdades que mantenías ocultas o abandonar ciertas ideas o ciertos prejuicios que siempre te han acompañado.

No hay una manera correcta o equivocada de finalizar este libro. Si eres sincero con lo que piensas, te verás reflejado en él como en un espejo. Algunas facetas de tu personalidad ya las conoces, pero sin duda descubrirás otras que ignorabas hasta ahora.

El consejo que te doy es que sigas adelante. El proceso de autodescubrimiento página a página es tan importante como cualquier revelación que encontrarás al final de este libro.

Tómate tu tiempo. Aprovecha lo que ya tienes. Todo empieza aquí.

HAY QUE
ESTAR
SIEMPRE
ATENTOS. EN
CUALQUIER
MOMENTO
PUEDE
SUCEDER
ALGO
MARAVILLOSO.

E.B. WHITE

Haz una lista de cinco cosas que siempre, e inmediatamente, te hacen sonreír.

HAY COSAS
MUCHO, MUCHÍSIMO
mejores
aguardándonos
delante

QUE CUALQUIER OTRA
QUE HAYAMOS
DEJADO
ATRÁS.

c.s. lewis

Escribe diez de tus grandes sueños que no se hayan hecho realidad todavía.

SI TUS PENSAMIENTOS SON POSITIVOS, TU CARA BRILLARÁ COMO EL SOL Y SIEMPRE ESTARÁS RADIANTE.

ROALD DAHL

¿Qué tres pensamientos te han hecho sonreír hoy?

un
hombre
inteligente
no pierde
nada si
el se salva.

MICHEL DE MONTAIGNE

Piensa en algo que hayas perdido recientemente. ¿Qué dos lecciones positivas has aprendido de esta experiencia?

VIVE BAJO
LA LUZ DEL SOL

NADA EN
EL MAR

BEBE DEL
AIRE SALVAJE.

RALPH WALDO EMERSON

COLOREA EN ESTE MAPA LOS DIEZ LUGARES QUE TE GUSTARÍA VISITAR.

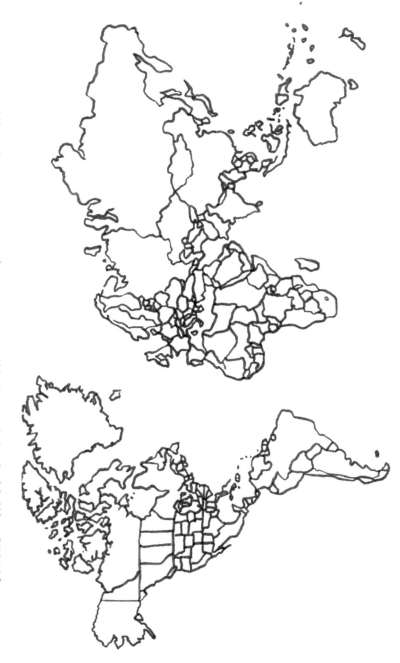

Recuerda: Puedes ir adonde te apetezca.

ten un corazón
que nunca se
endurezca,
una paciencia
que nunca se
agote y un
tacto que
nunca hiera.

Charles Dickens

Escribe algo bueno que hayas hecho por otra persona
en las últimas 24 horas.

SÉ PACIENTE
CON TODO
AQUELLO QUE
NO ESTÁ
RESUELTO EN
TU CORAZÓN.

Rainer María Rilke

Piensa en algo que en estos momentos te preocupe y escríbelo. No intentes resolverlo: céntrate solo en los pensamientos que inundan tu mente y plásmalos en esta hoja.

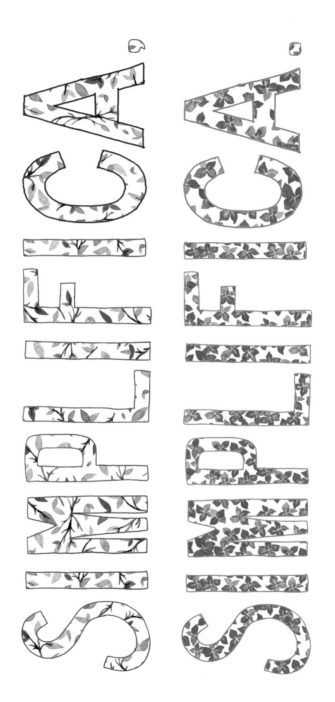

SIMPLIFY

HENRY DAVID THOREAU

Si solo pudieras poseer cuatro cosas el resto de tu vida, ¿cuáles serían? Dibújalas aquí.

explora.
sueña.
descubre.

MARK TWAIN

¡DEDICA EL DÍA DE HOY A APRENDER ALGO NUEVO! Anota qué has aprendido y cómo te ha hecho sentir esta experiencia.

si lanzas tus SUEÑOS al viento como una cometa, nunca sabrás qué podrían traerte de vuelta: UNA NUEVA VIDA, un nuevo amigo, UN NUEVO AMOR. un nuevo país.

ANAÏS NIN

Describe tu sueño favorito y más osado en una hoja aparte.

Dóblala e introdúcela en una botella de cristal.

Lánzala al mar.

LA HERIDA

ES EL LUGAR
POR DONDE LA

LUZ

ENTRA EN TI.

RUMI

¿Qué te proporciona luz?

TÚ DECIDES qué ADORAS.

david foster wallace

MARCA CON UN CÍRCULO LAS COSAS QUE MÁS ADORAS.
Después subraya las que preferirías adorar.

AMOR

DINERO

AMISTAD

MÚSICA

zapatos

éxito

SINCERIDAD

fama

BELLEZA

fuerza

habilidades

conocimiento

LIBROS

COMIDA

ASPECTO

talento

CONFIANZA

generosidad

PELÍCULAS

tierra

ADMIRACIÓN

dios

PRÓJIMO

cultura

SILENCIO

naturaleza

IMAGINACIÓN

VULNERABILIDAD

soledad

COMPAÑÍA

risas

placer

COMODIDAD

DESEO

OCÉANO

hogar

ORGULLO

viajes

VISTA

FAMILIA

los miedos son tigres de papel.

AMELIA EARHART

Rellena las siluetas de estos tigres con tres de tus mayores miedos. Después coloréalas hasta que ya no puedas verlos.

valor, querido corazón

C.S. LEWIS

INSPIRA Y ESPIRA. PROFUNDAMENTE. OCHO VECES.

Despeja la mente.

Avanza.

crear EL NAVÍO no es
tejer LAS TEJAS, forjar
los clavos, leer los
astros, SINO MÁS BIEN
transmitir EL GUSTO
DEL MAR.

ANTOINE DE SAINT-EXUPÉRY

MIS PASIONES	LAS METAS QUE ABARCAN

si alguna
vez te
encuentras
en la historia
equivocada,
márchate.

¿Hay algo que te gustaría dejar atrás?

No tengo ningún talento especial. Solo soy apasionadamente curioso.

ALBERT EINSTEIN

Cosas que me motivan	Cosas que me impiden avanzar

NUNCA ES TARDE PARA SER LO QUE PODRÍAS HABER SIDO.

GEORGE ELIOT

Cosas para las que creo que es demasiado tarde	NO ES DEMASIADO TARDE	Pasos que puedo dar para avanzar
	No es demasiado tarde, no es demasiado tarde, no es demasiado tarde, no es demasiado tarde, no lo es	
	No es demasiado tarde, no es demasiado tarde, no es demasiado tarde, no es demasiado tarde, no lo es	
	No es demasiado tarde, no es demasiado tarde, no es demasiado tarde, no no lo es	
	No es demasiado tarde, no es demasiado tarde, no es demasiado tarde, no no lo es	

el valor
verdadero
consiste en
actuar e ir hasta
el final, a pesar
de que
antes de
empezar
ya sabes
que llevas las
de perder.

HARPER LEE

Anota cuatro ocasiones en las que seguiste intentándolo
a pesar de que lo tenías todo en contra.

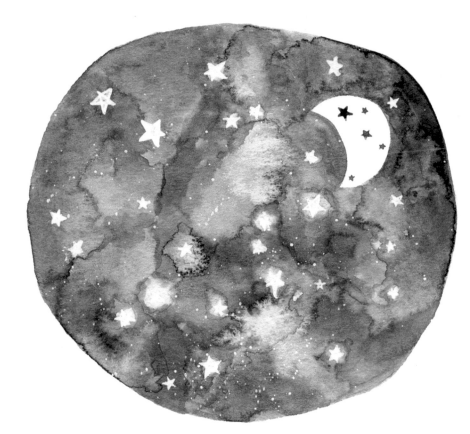

SOLO EN LA *oscuridad* PUEDES VER LAS *estrellas.*

MARTIN LUTHER KING JR.

VUELVE A LA PÁGINA ANTERIOR.

Elige una de las experiencias difíciles que anotaste y medita sobre ella. Escribe aquí qué lección aprendiste.

LA *imaginación* ES EL AIRE DE LA MENTE.

PHILIP JAMES BAILEY

Sal a la calle y observa con atención las nubes, los árboles o la brisa. Cierra los ojos y siente que te elevas. Deja que tus pensamientos vuelen.

¿Cómo te sientes? Escríbelo aquí.

NO ES NECESARIO APRESURARSE, NO ES NECESARIO BRILLAR. NO ES NECESARIO SER NADIE MÁS QUE UNO MISMO.

VIRGINIA WOOLF

Cosas que quiero ser	Por qué quiero ser así

rechaza
todo
aquello
que ofenda
a tu alma.

walt whitman

Piensa en TRES IDEAS con las que estés en total desacuerdo, ideas que hieran tu espíritu y sean perjudiciales para tu bienestar.

Escríbelas en tres papeles distintos y luego RÓMPELOS.

la cuestión no es
QUIÉN ME
VA A DEJAR
HACER ALGO
sino
QUIÉN ME
LO IMPEDIRÁ.

ayn rand

QUÉ QUIERO HACER	QUÉ PENSARÁN LOS DEMÁS	QUÉ HARÁN LOS DEMÁS AL RESPECTO

el sol
no brilla
SOBRE
nosotros
sino
DENTRO
de
nosotros.

john muir

Sal a la calle y MIRA HACIA EL SOL.

Cierra los ojos.

Respira hondo diez veces.

UN CORAZÓN
DESPIERTO
ES COMO UN
CIELO QUE
IRRADIA
LUZ.

HAFEZ

Permanece sentado en silencio durante 20 minutos; no escuches música, ni hables, ni leas, ni escribas. Examina cuáles son los sentimientos que anidan en tu corazón. Analiza cuáles son las razones que originan esos sentimientos y escríbelas a continuación.

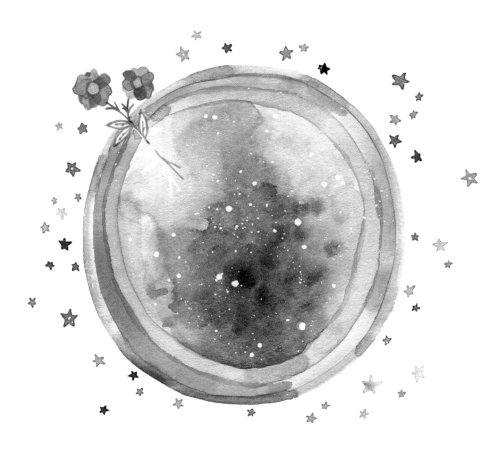

NO SE VE BIEN SINO
CON EL corazón.
LO esencial ES
INVISIBLE A LOS OJOS.

ANTOINE DE SAINT-EXUPÉRY

Piensa en un asunto que hayas abordado usando la lógica. ¿Podrías darle la vuelta y considerarlo desde la perspectiva del corazón?

¡jamás nadie se ha vuelto pobre por dar.

ANNE FRANK

Piensa en algo que le hayas dado a alguien hace poco.
DIBÚJALO AQUÍ.

(Nota: No tiene que ser algo tangible.)

CREO MUCHO EN
la suerte,
Y HE DESCUBIERTO
QUE CUANTO
MÁS TRABAJO,
más
suerte
tengo.

THOMAS JEFFERSON

Cosas para las que necesito tener suerte	Formas de conseguirlas sin esperar a tener suerte

No importa cuántos años vivimos, sino cómo lo hacemos.

PHILIP JAMES BAILEY

HAZ UNA LISTA CON LAS COSAS QUE TE PROPORCIONAN...

felicidad

amor

valor

amistad

fuerza

risas

FORMAMOS PARTE DEL
VIENTO, DE LAS NUBES,
COMO LAS OLAS FORMAN
PARTE DEL MAR.

ALFRED NOYES

Describe una característica tuya que ALEJA a la gente de ti.

Ahora describe cómo esto te CONECTA con los demás.

vivir ES LO MÁS extraño del MUNDO. LA MAYORÍA DE LA GENTE SE LIMITA a existir.

OSCAR WILDE

COLOREA TODAS LAS EMOCIONES
DE ESTA TABLA QUE HAS EXPERIMENTADO.

ira	DOLOR	celos
alegría	ESTRÉS	frustración
EMPATÍA	orgullo	TENSIÓN
envidia	VERGÜENZA	esperanza
REPUGNANCIA	enfado	CULPA
valor	AMOR	remordimiento

¿Has dejado alguna casilla en blanco?
Hazte el propósito de experimentarlas todas.

TRATO DE EVITAR
mirar hacia
DELANTE O ATRÁS
E INTENTO
SEGUIR MIRANDO
hacia arriba.

CHARLOTTE BRONTË

META	ACCIÓN	RESULTADO DESEADO	RESULTADO ALCANZADO

la única
persona
que estás
destinada
a ser es
la persona
que decidas
ser.

RALPH WALDO EMERSON

Escribe tres cualidades que te gustaría que los demás vieran en ti.

NOS CONVERTIMOS EN LO QUE PENSAMOS.

Earl Nightengale

¿Cuáles son tus tres pensamientos más recurrentes?

¿Cuáles desearías que fueran?

EL UNICO VIAJE ES EL INTERIOR.

RAINER MARIA RILKE

Colorea cada círculo según los avances que has hecho en cada ámbito de tu vida.

empieza
por aquí.
usa lo
que tienes.
haz lo
que puedas.

ARTHUR ASHE.

Llena estas figuras geométricas con los recursos (gente, herramientas, ideas) que pueden ayudarte en tu viaje.

valiente no es
—AQUEL QUE NO—
siente
miedo,
SINO AQUEL QUE LO
conquista.

NELSON MANDELA

DESEO	ACCIÓN PARA LOGRAR LO QUE DESEAS

¿Estas acciones reflejan tus miedos o tus esperanzas?

NO TENGO MIEDO, NACÍ PARA ELLO.

JUANA de ARCO

¿QUÉ ES LO QUE MÁS TE MOTIVA?

Escríbelo aquí, dilo en voz alta, absórbelo como el aire que respiras.

Y, ahora, ponte en marcha.

la
perseverancia
garantiza que
los
resultados
sean
inevitables.

SWAMI SMARANANANDA

Cierra los ojos y piensa en una vida ideal, esa que
te hace sonreír. Escribe sobre ella en esta montaña
y con el corazón.

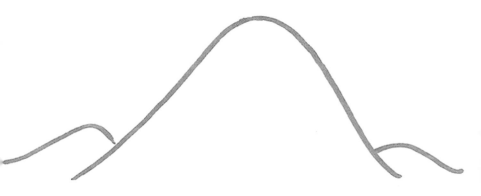

Cuando te ocurra algo que te inquiete, relee esta
página y recuerda qué es lo que más deseas en la vida.
¿Tus actos te conducen hacia esa montaña?

EL MUNDO SOLO
EXISTE EN TU
MIRADA. PUEDES
SER TAN
GRANDE
O TAN PEQUEÑO
COMO
QUIERAS.

F. SCOTT FITZGERALD

Llena cada uno de estos círculos con todo aquello para lo que hay espacio en tu vida (gente, actividades, sentimientos).

SÉ TÚ MISMO. EL RESTO DE LOS PAPELES YA ESTÁN COGIDOS.

oscar wilde

Dibuja tu autorretrato empleando el estilo y los colores que reflejen quién eres.

SOMOS LA MATERIA
DE LA QUE ESTÁN
HECHOS LOS SUEÑOS.

SHAKESPEARE

HAS CREADO MUCHAS COSAS DE LA NADA.

Escribe aquí sobre una de ellas, la que sea: por ejemplo,
una amistad, una pieza musical o un nuevo punto de vista.

A GRANDES PELIGROS, MAYOR CORAJE.

JEAN-FRANÇOIS REGNARD

Siempre podemos sacar fuerzas de lo más hondo.
Dibuja aquí la fuente de la que extraes tus fuerzas.

inspiré hondo y
escuché la voz
ronca de mi
corazón: existo.
existo.
EXISTO.

SYLVIA PLATH

Respira hondo y piensa en el lugar que ocupas en el Universo.

No olvides que las partículas de las que estás hecho son las mismas que dan forma a la Tierra, la Luna, las estrellas...

Existes.

SABÍA
QUIÉN ERA
ESTA MAÑANA,
PERO
HE CAMBIADO
VARIAS VECES
DESDE ENTONCES.

LEWIS CARROLL

Piensa en algún gran cambio que hayas experimentado
y descríbelo.

no hay solo buenos y malos. casi todos tenemos algo de ambos.

PATRICK NESS

Entre las siguientes categorías, ¿en qué punto te encuentras?

SIMPÁTICO ——————————————————————— ANTIPÁTICO

PACIENTE ——————————————————————— IMPACIENTE

EXTROVERTIDO ——————————————————————— INTROVERTIDO

GENEROSO ——————————————————————— EGOÍSTA

ABIERTO DE MENTE ——————————————————————— DE MIRAS ESTRECHAS

PREFIERES ESCUCHAR ——————————————————————— PREFIERES HABLAR

¿Dónde te gustaría estar?

menos mal
que no podemos
oír los podemos
gritos
que lanzamos
en las
pesadillas
de los
demás.

EDWARD GOREY

Piensa en toda esa gente en cuya vida influyes, para bien o para mal. Dibuja aquí a esas personas.

¿tienes dudas sobre la vida? ¿NO ESTÁS SEGURO DE SI MERECE LA PENA? mira hacia el cielo: ESTÁ AHÍ PARA TI. NO HAY NADA MALO EN SENTIRSE INSEGURO, PERO da las gracias, da las gracias, da las gracias.

MIRANDA JULY

Haz una lista de tres características de la condición humanas por las que debes mostrarte agradecido.

A LO LARGO DE MI VIDA HE TENIDO SUEÑOS QUE NUNCA HE OLVIDADO Y QUE HAN MARCADO PARA SIEMPRE MI MANERA DE PENSAR.

EMILY BRONTË

SAL AFUERA DE NOCHE Y CONTEMPLA
LA INMENSIDAD DEL UNIVERSO.

Pide un deseo y escríbelo aquí:

HAZLO UNA VEZ AL MES, hasta que tengas una página llena
de deseos esparcidos por el mundo que van cobrando forma
poco a poco.

la vulnerabilidad suena a sinceridad y se siente como coraje.

BRENÉ BROWN

Piensa en algún problema grave al que estés enfrentándote. ¿Cómo puedes afrontarlo con sinceridad y coraje?

no se sabe nunca

ANTOINE DE SAINT-EXUPÉRY

ESTA PÁGINA NO ESTÁ EN BLANCO.

Está repleta de INFINIDAD de posibilidades.

ES TU FUTURO.

Sé simple.

Sé honesto.

Sé amable.

RALPH WALDO EMERSON

VIAJA ATRÁS EN EL TIEMPO. Piensa en cuando eras niño. ¿Qué consejo le darías a tu yo del futuro?

SÉ PACIENTE Y RESISTENTE.
ALGÚN DÍA ESE SUFRIMIENTO
TE RESULTARÁ ÚTIL.

ovidio

Escribe un monólogo interior (no te censures ni analices mucho lo que estás escribiendo): describe qué profundo dolor sientes de manera recurrente.

Deja constancia de ese dolor aquí, y luego pasa página.

PODRÍA

HABER VIVIDO
OTRA VIDA,
PERO ESTOY
VIVIENDO ESTA.

KAZUO ISHIGURO

Identifica tres facetas de tu vida que desearías que fueran distintas. ¿Se te ocurre alguna razón para sentirte agradecido por cada una de ellas?

a primera
vista puede
parecerte muy
duro.

MIRA OTRA
VEZ.

siempre
mira otra vez.

MARY ANNE RADMACHER

EL MAYOR RETO AL QUE ME ENFRENTÉ EL AÑO PASADO	CÓMO LO SUPERÉ

EL MAYOR RETO AL QUE ME ENFRENTO AHORA	CÓMO PUEDO SUPERARLO

LOS LUGARES
AUTÉNTICOS
NUNCA FIGURAN
EN LOS MAPAS.

HERMAN MELVILLE

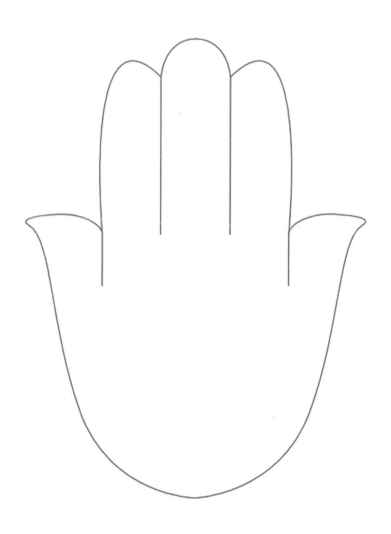

Rellena esta mano para crear
tu propio mapa de la vida.

por encima de todo:
SÉ SINCERO
contigo mismo.

SHAKESPEARE

Cierra los ojos y piensa en aquello que te hacer sentir
MÁS VIVO.

Escríbelo aquí, y centra tus pensamientos y tus esfuerzos
en acercarte a ese objetivo en todo momento.

agradecimientos

Mi más profundo agradecimiento a las siguientes personas que han contribuido a dar forma a este libro:

A mi editora, Marian Lizzi (y a todo el equipo de Perigee), por haber confiado en mí.

A todos los escritores, artistas, pensadores, creadores y soñadores que han sido mis maestros en momentos de necesidad. Me habéis proporcionado una inspiración infinita y múltiples razones para plantearme muchas preguntas, y seguís ayudándome a creer que cualquier cosa es posible.

A mis amigos y mi familia, quienes siempre me han animado a ser la persona que realmente soy. Sin vosotros estaría perdida.

sobre la autora

Meera Lee Patel es una ilustradora y escritora que reside en Brooklyn, Nueva York, a quien le gusta cuestionarse las cosas. Su obra se inspira en los simples momentos mágicos de la vida cotidiana y en las pequeñas historias que a menudo quedan sin contar. Tiene muchos sueños y está haciendo lo imposible para que todos ellos se cumplan.

Plasma sus pensamientos y muestra sus obras en su página web: **www.meeralee.com**. Con regularidad comparte sus procesos creativos y parte de su día a día en Instagram: **@merelymeeralee**.

En verano de 2019, Plaza & Janés publicará en español el nuevo diario creativo de la autora: *Todos somos estrellas*.